성경을 **통通**으로 읽기 노트

하느님과 함께 걸어온 여정

성경을 **통通**으로 읽기 노트

하느님과 함께 걸어온 여정

최안나 지음

성서와함께

차 례

이끎말   6

걸음 하나   구약으로 보는 나의 인생 여정   9

걸음 둘   나의 축제력   19

걸음 셋   기억과 찬미   37
             1. 하느님 이름과 별칭   38
             2. 나의 길에 빛이 된 말씀   44

3. 나의 족보		66
4. 이정표		72
5. 하느님의 모상		84
6. 사람들		98
7. 기도		114
8. 시편 뮤직 박스		126
9. 열매 맺을 말씀		142

걸음 넷 복음으로 보는 나의 인생 여정   159

이끎말

"고생하며 무거운 짐을 진 너희는 모두 나에게 오너라."
(마태 11,28)

이 노트는 성경을 통通으로 렉시오 디비나 콘티누아Lectio Divina Continua 하며 보게 된 '나의 연대기'를 기록하도록 짜여 있습니다. '하느님과 함께 걸어온 나'에 대한 종합 기록인 셈이지요. 이는 렉시오 디비나 콘티누아(이하 렉디콘)에서 사용하는 쓰기(스크립시오scriptio) 노트와는 구분됩니다.

한 사람이 태어나고 자라서 성인이 된 후 20-30년 이상 살아온 여정을 적을 수 있도록 만들었습니다. 렉디콘을 처음 할 때부터 10회 정도 할 때까지 기록하다 보면, 어느 정도 나의 역사가 보일 것입니다.

현재 내가 어디 있는지 파악되면 앞으로 계속 나아가기도 수월할 것입니다. "어디에서 와서 어디로 가는 길이냐?"(창세 16,8)라는 말씀처럼 '오늘'과 '내일'을 위해 과거를 돌아보는 것이니까요.

장마다 간략한 설명이 있습니다. 자세한 사항은 《혼자 하는 렉시오 디비나 콘티누아》를 참고해 주세요. 렉디콘을 하지 않아도 성경 말씀으로 하느님 안에서 자신을 바라보는 이라면 누구나 이 노트를 유용하게 활용할 수 있습니다.

성경 말씀을 따라 연대기를 써 내려가면서, 자신이 하느님의 기쁨이자 소중한 존재라는 사실을 알고 깨닫는 복된 시간이 되리라 믿습니다.

걸음 하나

••••

구약으로 보는
나의
인생 여정

나는 길이요 진리요 생명이다.
나를 통하지 않고서는 아무도 아버지께 갈 수 없다.

(요한 14,6)

 들어가며

🍃 성경을 통으로 렉시오 디비나 하며 말씀과 더불어 기억나는 삶의 여정들을 선 위에 표시합니다. 연필을 사용하는 것이 좋습니다.

🍃 오경과 역사서를 읽으며(역사가의 시각) 연대순으로 표시하고, 시서와 지혜서를 읽으며(현인의 시각) 기억에 남은 삶의 진한 단면을 표시하고, 예언서를 읽으며(예언자의 시각) 알게 된 이면의 진실을 표시합니다.

🍃 가운데에 그어진 수평선 위에는 빛, 성취, 기쁨, 희망의 시간이나 긍정적 사건을, 아래에는 어둠, 고통, 후회, 슬픔의 시간이나 부정적 사건을 표시합니다.

🍃 오경과 역사서, 시서와 지혜서, 예언서를 렉시오 디비나 하면서 떠오른 삶의 주요 순간들을 하나의 선에 모두 담습니다.

예시

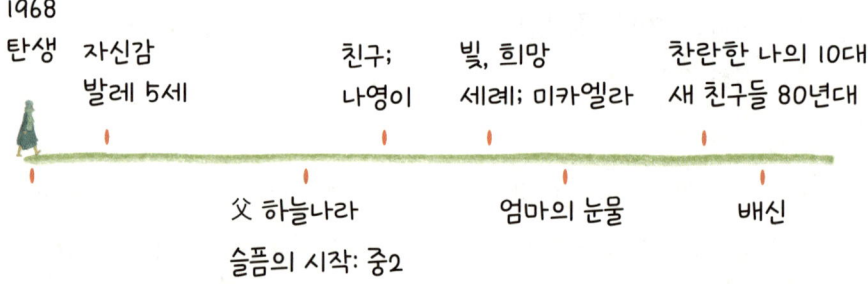

너희는 이 사십 년 동안 광야에서 주 너희 하느님께서 너희를
인도하신 모든 길을 기억하여라(신명 8,2).

> 너는 안심하고 길을 걸으며 네 발은 어디에도 부딪치지 않으리라(잠언 3,23).

> 여러분이 주님과 함께 있으면 그분께서도 여러분과 함께 계시고, 여러분이 그분을 찾으면 그분께서도 여러분을 만나 주실 것입니다(2역대 15,2).

우리 발을 평화의 길로 이끌어 주실 것이다(루카 1,79).

예수님께서 가까이 가시어 그들과 함께 걸으셨다(루카 24,15).

걸음 둘 ● ● ● ●

나의
축제력

이날이야말로 너희의 기념일이니,
이날 주님을 위하여 축제를 지내라.
이를 영원한 규칙으로 삼아
대대로 축제일로 지내야 한다.
　　　　(탈출 12,14)

주님께서는 살아 계시다!
나의 반석께서는 찬미받으시리니
내 구원의 반석이신 하느님께서는 드높으시다.
　　　　(2사무 22,47)

이렇듯 제 한평생 당신을 찬미하고
당신 이름 부르며
저의 두 손 들어 올리오리다.
　　　　(시편 63,5)

 들어가며

- 주 하느님께서 우리에게 하신 일을 '기억하기' 위하여(탈출 13,3; 신명 5,15; 7,19; 8,2; 15,15; 24,9; 여호 1,13; 1역대 16,12.15) 축제를 지냅니다.

- 하느님께서 우리에게 잘해 주셨으니 하느님을 '찬미'하고 '찬양' 합니다(토빗 12,6.18; 1역대 16,4).

- 주님께서 허락하신 기쁨의 나날들, 구원의 축제일들을 표시하고 기억해 봅시다. 생일, 세례일, 영명 축일, 입학일과 졸업일, 결혼기념일, 출산일 등 날마다 축제일이면 좋겠습니다.

- 축제일을 기억하며 혼자라도 기쁘게 미소 지을 수 있습니다.

 예시

1 2007 기도문 2025 희년	2	3 2006 예수님 마음	4 2009 신명 8,2-5 기억하라	5	6	7 2007 공현대축일 배론- 은하수(꿈)
8 2010 성모님 프로젝트	9	10	11 1995 레위인	12 1993 ssy신부님 고해성사	13 1968생 감사 2024 청년 피정 동반	14
15	16	17 2023 나눔	18 2006 침묵의 거인- 듣는 능력	19	20 2011 아버지 요한 5,11	21
22 1993 하느님 들판 '봄'	23	24 2005 인식-나	25 2010 믿음과 실천 2024 성모님 선물	26 1968 고백	27	28
29	30	31				

1월

1	2	3	4	5	6	7
8	9	10	11	12	13	14
15	16	17	18	19	20	21
22	23	24	25	26	27	28
29	30	31				

걸음 둘 나의 축제력

2월

1	2	3	4	5	6	7
8	9	10	11	12	13	14
15	16	17	18	19	20	21
22	23	24	25	26	27	28
29						

3월

1	2	3	4	5	6	7
8	9	10	11	12	13	14
15	16	17	18	19	20	21
22	23	24	25	26	27	28
29	30	31				

걸음 둘 나의 축제력

4월

1	2	3	4	5	6	7
8	9	10	11	12	13	14
15	16	17	18	19	20	21
22	23	24	25	26	27	28
29	30					

5월

1	2	3	4	5	6	7
8	9	10	11	12	13	14
15	16	17	18	19	20	21
22	23	24	25	26	27	28
29	30	31				

걸음 둘 나의 축제력

6월

1	2	3	4	5	6	7
8	9	10	11	12	13	14
15	16	17	18	19	20	21
22	23	24	25	26	27	28
29	30					

7월

1	2	3	4	5	6	7
8	9	10	11	12	13	14
15	16	17	18	19	20	21
22	23	24	25	26	27	28
29	30	31				

걸음 둘 나의 축제력

8월

1	2	3	4	5	6	7
8	9	10	11	12	13	14
15	16	17	18	19	20	21
22	23	24	25	26	27	28
29	30	31				

9월

1	2	3	4	5	6	7
8	9	10	11	12	13	14
15	16	17	18	19	20	21
22	23	24	25	26	27	28
29	30					

걸음 둘 나의 축제력

10월

1	2	3	4	5	6	7
8	9	10	11	12	13	14
15	16	17	18	19	20	21
22	23	24	25	26	27	28
29	30	31				

11월

1	2	3	4	5	6	7
8	9	10	11	12	13	14
15	16	17	18	19	20	21
22	23	24	25	26	27	28
29	30					

걸음 둘 **나의 축제력**

12월

1	2	3	4	5	6	7
8	9	10	11	12	13	14
15	16	17	18	19	20	21
22	23	24	25	26	27	28
29	30	31				

걸 음 셋
․ ․ ․ ․

기억과 찬미

1 하느님 이름과 별칭

하가르는 "내가 그분을 뵈었는데 아직도 살아 있는가?" 하면서, 자기에게 말씀하신 주님의 이름을 "당신은 '저를 돌보시는 하느님'이십니다."라고 하였다(창세 16,13)

너는 이스라엘 자손들에게, '너희 조상들의 하느님, 곧 아브라함의 하느님, 이사악의 하느님, 야곱의 하느님이신 야훼께서 나를 너희에게 보내셨다.' 하여라. 이것이 영원히 불릴 나의 이름이며, 이것이 대대로 기릴 나의 칭호이다(탈출 3,15)

너희 아버지께서는(마태 6,8)

주님이며 스승인 내가(요한 13,14)

아버지, 하늘과 땅의 주님(루카 10,21)

하느님은 사랑(1요한 4,16)

어린아이가 하얀 눈 위에 하느님 이름을 씁니다
하느님 보시라고

성인이 된 아이는 하늘에 하느님 이름을 크게 그립니다
보시지 않을까요?

혼자 가만히 부르는 그분 이름을 써 보십시오
크게 작게… 마음 가는 대로

2 나의 길에 빛이 된 말씀

주님의 계명은 맑아서 눈에 빛을 주네(시편 19,9)

하느님께 맞갖은 제물은 부서진 영. 부서지고 꺾인 마음을 하느님, 당신께서는 업신여기지 않으십니다(시편 51,19)

주님, 행복합니다, 당신께서 징계하시고 당신 법으로 가르치시는 사람!
(시편 94,12)

당신의 가르침이 제 즐거움이 아니었던들 저는 고통 속에 사라졌으리이다
(시편 119,92)

진리의 영이 … 나를 증언하실 것이다. 그리고 너희도 처음부터 나와 함께 있었으므로 나를 증언할 것이다(요한 15,26-27)

저도 증인입니다
예수님은 생명의 주인이십니다
성경 말씀 덕분에 이제껏 살 수 있었습니다
하느님 말씀이 저를 일어서게 했고 용기 내 걷게 했습니다
말씀이 저를 살게 했습니다
용기와 희망을 준 말씀들이 있습니다
이 말씀만 들으면 언제든 다시 시작할 수 있습니다

걸음 셋 기억과 찬미

2. 나의 발자취 더듬기

걸음 셋 기억과 찬미

3 나의 족보

우리와 비슷하게 우리 모습으로 사람을 만들자. … 하느님께서는 이렇게 당신의 모습으로 사람을 창조하셨다. 하느님의 모습으로 사람을 창조하시되 남자와 여자로 그들을 창조하셨다(창세 1,26-27)

너희는 주 너희 하느님의 자녀들이다(신명 14,1)

예수님께서는 서른 살쯤에 활동을 시작하셨는데, 사람들은 그분을 요셉의 아들로 여겼다. 요셉은 엘리의 아들, … 에노스는 셋의 아들, 셋은 아담의 아들, 아담은 하느님의 아들이다(루카 3,23-38)

그분께서는 당신을 받아들이는 이들, 당신의 이름을 믿는 모든 이에게 하느님의 자녀가 되는 권한을 주셨다(요한 1,12)

여러분은 …… 여러분을 자녀로 삼도록 해 주시는 영을 받았습니다. 이 성령의 힘으로 우리가 "아빠! 아버지!" 하고 외치는 것입니다. 그리고 이 성령께서 몸소, 우리가 하느님의 자녀임을 우리의 영에게 증언해 주십니다(로마 8,15-16)

내가 하느님의 자녀임을 성경 전체가 말하고 있으니
위의 성경 구절을 바탕으로 나의 족보를 작성해 보십시오

자신의 이름을 넣어 열 번 소리 내어 읊조리며 정성껏 써 보십시오

나 _____ 은(는) 하느님의 자녀입니다

4 이정표

제가 기념 기둥으로 세운 이 돌은 하느님의 집이 될 것입니다(창세 28,22)

이제 발길을 돌려 떠나라(신명 1,7)

너희는 이 사십 년 동안 광야에서 주 너희 하느님께서 너희를 인도하신 모든 길을 기억하여라(신명 8,2)

제 길을 되돌아보고 제 발길을 당신 법으로 돌립니다(시편 119,59)

돌아보면 아브라함이나 야곱처럼 돌을 세우고 기름을 붓고
하느님 이름을 부르며 이정표를 세우고 싶은 삶의 순간들이 있습니다

축제력에서도 크게 돋보이는 날들이 있습니다
감사한 순간,
구원을 체험한 때,
하느님의 이름이 거룩히 빛나는 날,
변화의 지점,
방향을 바꾼 시기
그때를 기억하고 기념해 보십시오
오늘의 발걸음을 굳건히 할 수 있습니다

5 하느님의 모상

하느님께서는 이렇게 당신의 모습으로 사람을 창조하셨다(창세 1,27)

나의 재능, 매력, 가치관, 흥미 등을
100가지 이상 써 보십시오. 천천히 오랜 시간을 들여 보세요

내 사진을 붙입니다
10대 이전, 10대, 20대, 30대, 40대, 50대, 60대, 70대
하느님 은총을 체험한 당시의 사진도 좋습니다
적당한 사진이 없으면 직접 그려도 좋습니다

걸음 셋 기억과 찬미

걸음 셋 기억과 찬미

6 사람들

네 이웃을 너 자신처럼 사랑해야 한다. 나는 주님이다(레위 19,18)

사람에게서 바랄 것은 신의다. 거짓말쟁이보다는 빈곤한 이가 낫다
(잠언 19,22)

쇠는 쇠로 다듬어지고 사람은 이웃의 얼굴로 다듬어진다(잠언 27,17)

남이 너희에게 해 주기를 바라는 그대로 너희도 남에게 해 주어라
(마태 7,12)

너희의 스승님은 한 분뿐이시고 너희는 모두 형제다(마태 23,8)

소중한 사람들의 이름을 써 보십시오
그가 나에게 어떤 사람인지도 적어 보십시오
하느님 앞에서 나는 그와 어떻게 함께 가고 있습니까?

7 기도

네 근심을 주님께 맡겨라. 그분께서 너를 붙들어 주시리라(시편 55,23)

늘 그분을 신뢰하여라. 그분 앞에 너희 마음 쏟아 놓아라. 하느님께서 우리의 피신처이시다(시편 62,9)

정녕 하느님께서는 들으셨네. 내 기도 소리를 새겨들으셨네(시편 66,19)

주 저희 하느님의 어지심을 저희 위에 내리소서. 저희 손이 하는 일이 저희에게 잘되게 하소서. 저희 손이 하는 일이 잘되게 하소서(시편 90,17)

청하여라, 너희에게 주실 것이다. 찾아라, 너희가 얻을 것이다. 문을 두드려라, 너희에게 열릴 것이다(마태 7,7)

하느님께 드리는 기도를 써 보십시오
마음속 이야기를 적어 보십시오

8 시편 뮤직 박스

나는 주님께 노래하리라, 내가 사는 한. 나의 하느님께 찬미 노래 부르리라, 내가 있는 한(시편 104,33)

주님께 노래하여라, 새로운 노래를(이사 42,10)

시편을 읊으며 마음에 드는 구절이 있으면
반복해서 읊어 보십시오
외울 수 있다면
한번 시도해 보십시오

좋은 구절을 골라서 뮤직 박스에 담아 보십시오
시편으로 부르는 나의 노래
내가 나를 위해 부르는 노래
하느님께 불러 드리는 나의 노래

9 열매 맺을 말씀

어떤 것은 좋은 땅에 떨어져, 자라나서 백 배의 열매를 맺었다. … 좋은 땅에 떨어진 것은, 바르고 착한 마음으로 말씀을 듣고 간직하여 인내로써 열매를 맺는 사람들이다(루카 8,8.15)

하느님의 나라는 겨자씨와 같다. 땅에 뿌릴 때에는 세상의 어떤 씨앗보다도 작다. 그러나 땅에 뿌려지면 자라나서 어떤 풀보다도 커지고 큰 가지들을 뻗어, 하늘의 새들이 그 그늘에 깃들일 수 있게 된다(마르 4,31-32)

성경을 통째으로 렉시오 디비나 하고 나서
말씀대로 살아가겠다는 마음으로
신중하게 고른 성경 구절 10개를 써 보십시오
사는 동안 말씀의 싹을 틔워 보십시오
하느님의 말씀이 나에게서 열매를 맺게 해 보십시오
잘 자란 것 같으면 다음에 싹 틔울 말씀을 고르고
계속해서 말씀의 싹을 틔워 열매를 맺어 보십시오

걸음 넷

복음으로 보는
나의
인생 여정

주님, 당신께서는
저를 살펴보시어 아십니다.
제가 앉거나 서거나 당신께서는 아시고
제 생각을 멀리서도 알아채십니다.

제가 길을 가도 누워 있어도
당신께서는 헤아리시고
당신께는 저의 모든 길이 익숙합니다.

정녕 말이 제 혀에 오르기도 전에
주님, 이미 당신께서는 모두 아십니다.

(시편 139,1-4)

 들어가며

🌿 '걸음 하나'에서 삶의 여정들을 수평선 위에 표시하였습니다. 구약을 읽는 동안 내 삶의 빛과 그림자를 보았습니다. 자부심과 상처도 보았습니다. 계속 성경 말씀을 읽고 예수님 말씀을 들으며 삶의 모든 여정이 하느님 안에서 그저 자기 자신이었음을 알게 됩니다. 잘했든 못했든 사느라 수고한 나를 봅니다. 감사한 여정입니다. 그렇게 이어져 온 한길입니다. 하느님께 인간의 모든 길이 익숙하듯(시편 139.3) 우리에게도 자신의 길이 익숙하기를 바라며 오늘도 나아갑니다.

🌿 '걸음 넷'에서는 '걸음 하나'와 달리 수평선이 제일 하단에 그어져 있습니다. 인생 여정의 순간들을 모두 선 위쪽에 표시하는 것입니다. '걸음 하나'에서 표시한 것을 참고하여 예수님 안에서 과거를 재구성해 봅니다. 맑은 날도 흐린 날도 모두 소중한 인생입니다. 사느라 수고한 자신을 토닥이며 모든 순간을 감사와 빛 안에 놓아 주세요.

예시

　　　　　　　　　父 하늘나라　　　　엄마의 눈물

1968
탄생　자신감　　　　　친구;　빛, 희망　　　　　찬란한 나의 10대
　　　발레 5세　　　　나영이　세례; 미카엘라　배신　새 친구들 80년대

내 도움과 내 영광이 하느님께 있으며(시편 62,8).

당신께는 저의 모든 길이 익숙합니다(시편 139,3).

그분께서 나에게 구원의 옷을 입히시고 의로움의 겉옷을 둘러 주셨기 때문이다(이사 61,10).

> 주님 안에서 여러분의 노고가 헛되지 않음을 여러분은 알고 있습니다(1코린 15,58).

> 사랑 안에 머무르는 사람은 하느님 안에 머무르고 하느님께서도 그 사람 안에 머무르십니다(1요한 4,16).

성경을 **통통**으로 읽기 노트
하느님과 함께 걸어온 여정

서울대교구 인가: 2025년 3월 27일
초판 1쇄 펴낸날: 2025년 7월 3일

지은이: 최안나
펴낸이: 나현오
펴낸곳: 성서와함께

주소: 06910 서울특별시 동작구 흑석로13길 7
전화: 02-822-0125-7 팩스: 02-822-0128
인터넷 서점: www.withbible.com
전자우편: order@withbible.com
등록번호 14-44(1987년 11월 25일)
-
ⓒ 최안나 2025
성경 ⓒ 한국천주교중앙협의회, 2025.
-
ISBN 978-89-7635-455-6 04230
       978-89-7635-921-6 (세트)
-
이 책에 실린 내용은 펴낸이의 허가 없이 전재 및 복제할 수 없습니다.